Der erste Schultag ist toll!

Anne freut sich.

Sie kann es kaum erwarten,

in ihre Schultüte zu schauen.

Was wohl darin ist?

AF196291

1

• Wie sah deine Schultüte aus?
  Male das Bild aus.

Gleich fängt die Schule an.

Schnell hängt Lea ihre Jacke auf.

Tom stellt seine Schuhe ins Regal.

Pia ist schon in der Klasse.

• Schreibe die richtigen Namen auf die
  Schilder über den Haken.

Anton klebt ein Bild in sein Heft.

Auf dem Bild sind zwei Kinder.

Sie gehen zur Schule.

Da denkt Anton an die Ampel

auf seinem Schulweg.

3

- An was denkt Anton? Male es in das Bild.
- Schließe die Augen: Gehe in Gedanken
deinen eigenen Schulweg ab!

Es ist Herbst. Die Bäume werden bunt.

Die Kinder sammeln schöne Blätter.

Damit wollen sie basteln.

Anna klebt ein lustiges Tier.

4

• Welches Tier hat Anna geklebt? Kreise
es ein und schreibe den Namen dazu.

Hurra, ein neues Buch ist da!

Wir schlagen es gleich auf.

Doch sieh es erst von vorne an

und lies: Was steht denn drauf?

• Kreuze an:
  In dem Buch geht es um ...

  ◯ Möwen   ◯ Blumen

  ◯ wilde Tiere   ◯ Flieger

Carlo kommt aus der Schule heim.

Er ruft aufgeregt:

„Wir haben eine neue Lehrerin!

Ihr Name hat zwei Teile."

• Wie heißt Carlos neue Lehrerin?
Setze beide Wörter zusammen.

Sie heißt Frau

Nina, Ali und Susi gehen in die 1. Klasse.

Nina sitzt in der Mitte.

Sie hat eine lila Tasche.

Neben Nina sitzt Ali.

Er hat braune Haare.

Susis Tasche ist grün.

- Wer ist wer? Schreibe die richtigen Namen zu den Kindern.

- Male das Bild fertig.

In der Pause ist Zeit zum Essen.

Jeder hat etwas dabei.

In der blauen Box ist eine Banane.

In der gelben Box ist ein Apfel.

In der rosa Box ist ein Brot mit Salami.

Die Box mit dem Kuchen ist rot.

• Male bei jeder Box dazu, was fehlt.

Klara, Mark und Lena warten

jeden Morgen auf den Schulbus.

In ihrem Dorf gibt es keine Schule.

Der rote Bus bringt sie

zur Schule in einen anderen Ort.

Da kommt er schon!

9

- Verbinde die Punkte von 1 bis 20.
- Male den Bus in der richtigen Farbe an.

Die 1a ist heute nicht in der Schule.

Denn die Klasse geht in den Zoo.

Marie mag die Affen.

Die sind so lustig!

Demian staunt, wie laut der Löwe brüllt.

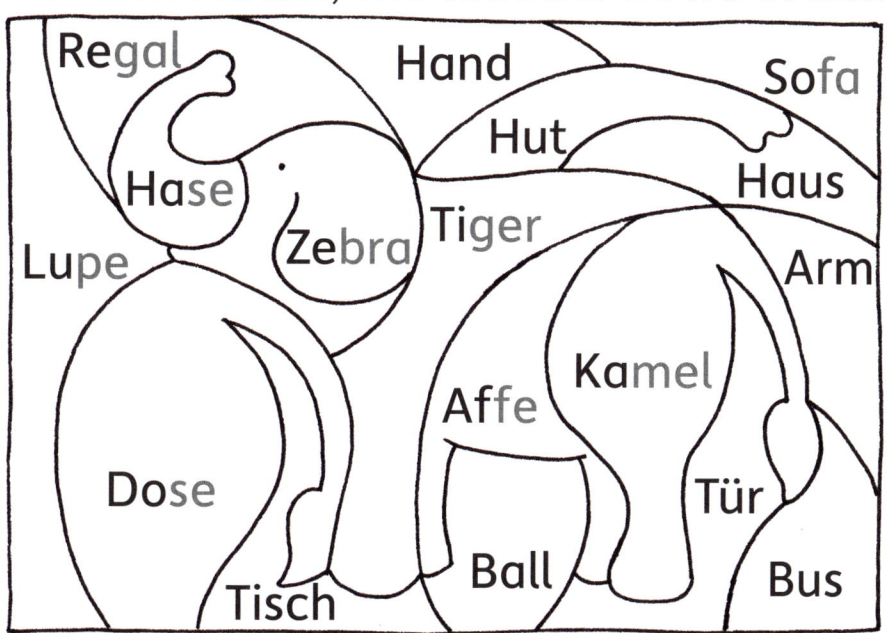

Regal · Hand · Sofa · Hut · Hase · Haus · Zebra · Tiger · Lupe · Arm · Kamel · Affe · Dose · Tür · Ball · Tisch · Bus

- Male alle Felder mit einem Tiernamen grau aus. Welches Tier siehst du?

Es ist ein _____.

Wenn Simon malt, wird er ganz still.

Er hört dann auch nicht genau zu.

Frau Rot sagt: „Bitte räumt alles auf."

Aber Simon malt weiter.

Was ist das wohl auf seinem Bild?

• Male Simons Bild fertig. Kreuze an, was
darauf zu sehen ist.

○ ein Auto   ○ ein Traktor   ○ ein Bus

Die Klasse 1a ist auf dem Sportplatz.

Leo hat eine blaue Hose.

Tina hat gelbe Schuhe.

Mia hat eine rosa Kappe.

Simon wirft den roten Ball.

Simon   Mia   Leo   Tina

- Male das Bild fertig an.
  Verbinde die Kinder mit ihren Namen.

Heute ist Lesenacht!

Die Klasse 1b übernachtet in der Schule.

Alle haben Schlafsäcke dabei.

Am Boden liegen dünne Matten.

Jeder sucht sich einen Platz.

• In den Wörtern fehlen Buchstaben.
Trage sie ein.

 T__sch__nl__mp__    B__ch

 M__tt__    Schl__fs__ck

Max schaut aus dem Fenster.

Er denkt an die kleine Katze,

die er am Morgen gesehen hat.

Na, so was!

Da läuft sie gerade draußen vorbei!

Die Lehrerin fragt:

„Max, träumst du?"

• Wen sieht Max draußen im Hof?
  Male es dazu.

Die Kinder sitzen in der Klasse.

Jeder hat etwas anderes zu tun.

Arian liest ein spannendes Buch.

Jana schreibt eine Geschichte auf.

Manuel rechnet mit Plus.

Arian   Jana   Manuel

• Wer ist wer? Verbinde die Kinder
  mit ihren Namen.

Oh je! Hexe Mimi war in der Schule.

Sie hat im Klassenzimmer alles verhext.

So ein Durcheinander!

Den Gartenschlauch brauchen wir

in der Klasse doch nicht!

• Kreise im Bild alle Dinge ein,
  die nicht ins Klassenzimmer gehören.

Heute ist Wandertag.

Die Klasse 1c macht einen Ausflug.

Am See machen sie Pause.

In der Wiese ist noch jemand unterwegs!

Ali ruft: „Die darf mein Salatblatt essen!"

• Wer ist noch auf der Wiese unterwegs?
Verbinde die Zahlen von 1 bis 20.

Auf der Wiese ist eine _____.

Linus ist in der 1. Klasse.

Manchmal ärgern ihn die großen Jungs.

Aber Marie hilft ihrem kleinen Bruder.

Sie ist schon 9 Jahre alt.

Marie sagt: „Wir halten zusammen!"

• Wie heißen die Wörter aus dem Text?
  Schreibe sie richtig darunter.

M^r_i^e_a   B^r e u r d   n^i u L s

Karoline hat Bauchweh.

Frau Bach rät ihr: „Trink einen Schluck!"

Aber Karolines Magen knurrt ganz laut.

Da wundert sich Frau Bach:

„Hast du in der Pause nichts gegessen?"

• Warum hat Karoline wohl Bauchweh?
  Schreibe den Satz fertig.

Karoline hat Bauchweh, weil

Lisa und Pauline lösen gerne Rätsel.

Lars und Otto sind tolle Spürnasen.

Sie finden jedes Geheimnis heraus.

Zu viert gründen sie einen Detektivclub.

• Bist auch du ein Detektiv?
Finde 5 Unterschiede und kreise sie ein.

Wir basteln Geister mit Kleister.

Paul mag den weichen Matsch.

Damit kann man gut Papier kleben.

Schnell ist der rote Luftballon ganz weiß.

Jetzt muss er trocknen.

- Was reimt sich?
  Verbinde immer zwei Wörter.

Matsch	Fenster
Gespenster	Geister
Kleister	Quatsch

Im Advent bringt Frau Bauer

eine Kugel Teig mit in die Schule.

Die Kinder backen Plätzchen:

Sterne, Herzen und Glocken.

Bald duftet es wunderbar!

22

• Was stechen die Kinder aus? Zeichne.

Willi rechnet eine Aufgabe.

Er darf sie an die Tafel schreiben.

Aber da stimmt etwas nicht.

Ida meldet sich.

Sie weiß die richtige Lösung.

• Was sagt Ida? Schreibe die richtige
  Lösung auf.

Die 1c redet über den Winter.

Jeder überlegt, was zum Winter passt.

Peter lacht: „Ich werfe einen Schneeball!"

Jonas ruft: „Ich fahre Schlitten!"

Nina freut sich: „Eislaufen macht Spaß!"

• Wen siehst du auf dem Bild? Überlege,
  was die Kinder sagen. Kreuze an.

○ Peter   ○ Jonas   ○ Nina

In der 1b geht das Licht nicht mehr an.

Eine Lampe ist kaputt.

Herr Heller kommt und tauscht sie aus.

Herr Heller ist Hausmeister an der Schule.

Er bringt gerne alles in Ordnung.

• Auch diese Wörter sind nicht in Ordnung.
  Kannst du sie wieder ordnen?

peLam   meisHauster

Der starke Regen hört nicht auf.

In der Pause bleiben alle Klassen im Haus.

Nele, Nils und Selim spielen ein Ratespiel.

Jeder hat ein Wort an der Stirn.

Selim sagt: „Rate, welches Tier du bist!"

• Welches Tier hat Nele? Kreise es ein.

Am Morgen sagt Frau Zehner:

„Gebt bitte die Hausaufgaben ab."

Julia schaut in ihre Schultasche.

Oh je! Das Rechenheft ist nicht da.

Julia wird ganz rot.

Frau Zehner sagt: „Bring es morgen mit."

• Warum ist Julia rot im Gesicht? Kreuze an.

◯ Julia hat Fieber bekommen.
◯ Julia hat ihr Heft nicht dabei.
◯ Julia ist ganz schnell gerannt.

Heute feiert Timos Klasse Fasching.

Timo trägt eine Rüstung.

Jule und Kim sind als Feen verkleidet.

Emilio ist es als Pandabär zu warm.

Frau Weber hat eine rote Nase.

Sie sagt: „Das Fest heißt auch Karneval."

• Wer ist wie verkleidet? Verbinde.

| Ritter | Fee | Panda |

| Emilio | Timo | Jule und Kim |

Saras Familie zieht morgen weg.

Dann geht Sara in eine neue Schule.

Lena ist sehr traurig.

Sara schenkt ihr ein Herz an einer Kette.

Sie sagt: „Wir besuchen uns jede Woche."

• Finde vier Wörter aus dem Text. Kreise ein.

M	S	C	H	U	L	E	Z
H	E	R	Z	O	L	R	X
T	I	K	E	T	T	E	M
P	F	A	M	I	L	I	E

In der Pause ist viel los.

Andi und Alex spielen Fußball.

Greta hat ihre Lupe dabei.

Ben malt mit Kreide auf den Boden.

Amanda springt mit dem Seil.

• Finde die folgenden Dinge im Bild.
  Kreise sie dort ein.

Kreide   Fußball   Seil   Lupe

Olli ist vom Kletterturm gefallen.

Sein Bein ist gebrochen.

Er hat jetzt einen Gips.

Die ganze Klasse unterschreibt darauf.

Jetzt ist Ollis bester Freund an der Reihe.

• Wie heißt der beste Freund von Olli?
  Kreuze an.

○ Benno   ○ Luna   ○ Lukas   ○ Alex

Frau Maler hängt Blumen ans Fenster.

Die Kinder der 1a haben sie gebastelt.

Das Licht scheint durch das dünne Papier.

Die linke Blume ist rot.

Die rechte Blume leuchtet gelb.

Die Blume in der Mitte ist blau und rosa.

← links   rechts →

• Male die drei Blumen richtig aus.

Linda ist ganz neu an der Schule.

Heute ist ihr erster Tag in der Klasse.

Sie kennt noch niemanden.

Aber Alina lächelt sie an.

Sie winkt und fragt: „Setzt du dich zu mir?"

• Was antwortet Linda? Male nur die
  großen Buchstaben grün an und lies.

g	j	W	I	L	L	S	T	t	r	b	D	U	e
h	M	E	I	N	E	t	d	b	N	E	U	E	m
F	R	E	U	N	D	I	N	u	S	E	I	N	?

Hexe Mimi kann es nicht lassen:

Heute hat sie die Tafel verhext.

Frau Kern schreibt etwas mit Kreide.

Aber die Wörter stimmen nicht ganz.

So ein Blödsinn, Mimi!

x X ebatshcuB reD

• Was wollte Frau Kern wohl schreiben?
  Schreibe du es richtig auf:

Der Osterhase war da!

Alle Kinder suchen die Ostereier.

Bald findet jeder ein buntes Ei.

Aber ein rotes und ein gelbes Ei

wurden noch nicht gefunden.

Hilfst du suchen? Kreise sie ein.

• Verbinde die Silben zu vier Wörtern.

| Os | er | | Ha | che |
| Ei | tern | | Su | se |

Hops und Hoppel gehören der Klasse 2a.

Rosa bringt frisches Futter.

Hops schnuppert an ihrem Finger.

Hoppel knabbert am Löwenzahn.

Er liebt die saftigen Blätter!

• Welche Satzteile gehören zusammen?
  Male sie gleich an.

| Hoppel knabbert | an Rosas Finger. |
| Hops schnuppert | am Löwenzahn. |

Heute hat die Lehrerin

einen Korb dabei.

Sie schreibt etwas an die Tafel.

Die Kinder lesen:

Kennst du das Obst?

Kennst du das Obst?

• Welches Obst ist in dem Korb? Male es an.

Banane   Melone   Apfel   Kirsche

Birne   Ananas   Traube

Morgen gibt es Obstsalat in der Schule.

Heute kaufen wir dafür ein.

Auf dem Markt besorgen wir

Äpfel, Bananen, Trauben,

eine Melone und eine Ananas.

- Kreise im Bild ein, was die Klasse
  einkauft.

- Welches Obst siehst du noch?

Heute macht die Klasse einen Obstsalat.

Ronja schneidet die Äpfel klein.

Lukas schneidet die Bananen in Scheiben.

Valentin pflückt die Trauben ab.

Samira und Jule machen kleine Würfel

aus der Ananas und der Melone.

• Wen siehst du auf dem Bild?
  Kreise die richtigen Namen ein.

Valentin   Jule

Samira   Lukas   Ronja

Frau Keller sucht ihr Pult ab.

Sie hebt alle Hefte und Bücher hoch.

Aber sie findet nicht, was sie sucht.

Auch in ihrer Tasche ist es nicht.

Dann fragt sie die Kinder:

„Habt ihr meine Brille gesehen?"

• Kannst du die Brille finden?
  Kreise sie im Bild ein.

Elias hat Geburtstag.

Er hat für alle Kinder Kuchen dabei.

Aber erst singen alle für Elias.

Dann teilt er den Kuchen aus.

Auch Herr Klein bekommt ein Stück.

Für jedes Kind hat Elias noch einen Lolli.

 41

• Was hat Elias mitgebracht? Kreise ein.

Bald ist Muttertag.

Jeder darf eine Karte für Mama basteln.

Justus liest aus der Anleitung vor:

„Male das Herz bunt an.

Schneide es an der Linie aus.

Klebe es in die Mitte der Karte."

42

• Was braucht Justus zum Basteln der
Karte? Male an.

Säge   Schere   Stifte

Kleber   Wolle

Oskar spielt Fußball mit den anderen.

Er fällt hin. Finn will ihn trösten.

Aber schon steht Oskar wieder auf.

Er ruft: „Weiter! Die Pause ist gleich aus.

Aber wir schießen noch ein Tor!"

- Welche Bälle gehören zusammen?
  Verbinde die Silben zu Wörtern.

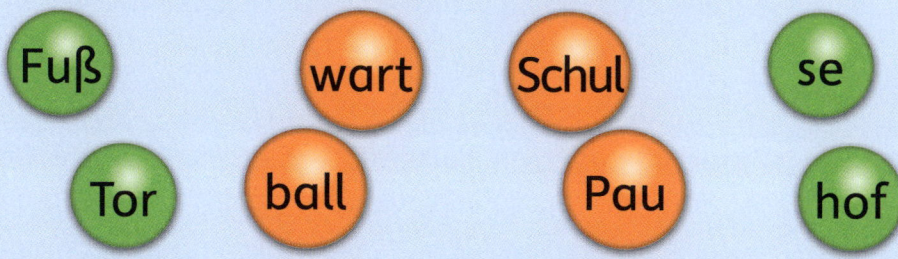

Fuß   wart   Schul   se

Tor   ball   Pau   hof

Die Klasse 2b beobachtet Raupen.

Jeden Tag werden die Tiere gefüttert.

Nach zwei Wochen verpuppen sie sich.

In ihrem Kokon verwandeln sie sich.

Daraus schlüpfen gelbe Schmetterlinge!

• Male den Schmetterling richtig an.
  Wie heißt er? Löse das Silbenrätsel.

Zi tro nen fal ter

Heute ist Maifest mit Tanz und Musik.

Alle Eltern sind da und helfen mit.

Sie grillen Würste und verkaufen Limo.

Moritz isst seine Wurst im Brötchen.

Das ist sehr lecker!

• Finde die folgenden Dinge im Bild.
  Kreise sie dort ein.

Senf   Limo   Grill   Kasse

Bumm-bomm, kling-klong, ritsch-ratsch!

Das klingt prima!

Die ganze Klasse macht Musik.

Isabella trommelt im Takt.

Herr Laut spielt auf der Gitarre

und alle singen dazu.

• Welche Instrumente siehst du im Bild?
  Male an.

Flöte Geige Trommel

Rassel Gitarre Posaune

Fabian findet die Pause heute blöd.

Er weint, weil Lars ihn fest geschubst hat.

Lars ist sauer: „Du hast mich ausgelacht!"

Frau Klein sagt: „Das ist beides nicht gut.

Jeder von euch soll sich entschuldigen."

• Wer soll sich wofür entschuldigen?
  Verbinde.

Lars ▶   ◀ auslachen

Fabian ▶   ◀ schubsen

Elias ist krank.

Er kann heute nicht in die Schule gehen.

Erik klingelt auf dem Heimweg bei ihm.

Er bringt Elias die Hausaufgaben.

Elias bekommt eine Mappe, auf der steht:

Was wünscht Erik seinem Freund?
Kreuze an.

○ Alles Gute zum Geburtstag!
○ Gute Besserung!
○ Viel Spaß im Urlaub!

Manche Kinder haben einen Spitznamen.

Sabines Abkürzung ist „Biene".

Josefine wird meistens „Jojo" genannt.

Bens Mama ruft ihn immer „Hase".

Aber sonst darf ihn keiner so nennen.

• Welches Bild passt zu wem? Verbinde.

Sabine   Ben   Josefine

Beim Sportfest springen, werfen
und laufen die Kinder um die Wette.
Keiner ist so schnell wie Leila.
Aber Tom rennt schneller als Levin.
Lilli kommt erst nach Levin ins Ziel.

• Wie heißen die Kinder?
  Schreibe die Namen richtig dazu.

Im Schulgarten gibt es viel zu tun.

Dort wachsen Blumen und Gemüse.

Finn lockert den Boden für neue Samen.

Inge erntet Kartoffeln und Bohnen.

Jakob nascht von den Erdbeeren.

Daria gießt die Blumen.

• Was gehört nicht in den Garten?
  Streiche 5 Dinge im Bild durch.

Mitten in der Stunde geht eine Sirene los.

Emma wird ganz weiß im Gesicht.

Frau Wind sagt: „Habt keine Angst!

Es ist der Feueralarm, aber nur zur Probe.

Wir üben, schnell aus dem Haus zu gehen.

Stellt euch bitte zu zweit an."

• Was ist heute in der Schule los?
  Kreuze an: ◯ ein Konzert
  ◯ ein Probealarm
  ◯ ein Wettlauf

An der Tafel steht etwas.

Ella meldet sich. Sie liest laut vor:

„Ein Fell für Kater Kalle."

Karim und Marie kichern leise.

Frau Pitt sagt: „Wir lachen uns nicht aus."

Und Ella bittet sie: „Lies ganz genau!"

- Welche Wörter muss Ella genauer lesen?
  Vergleiche, was Ella sagt. Kreuze an.
  ○ Fall   ○ Kater   ○ Kralle

Es ist zehn Minuten nach acht Uhr.

Es klopft an der Tür.

Davor steht Leo.

Sein Kopf ist rot und

er atmet schnell.

Er sagt:

„Ich habe verschlafen."

Frau Kern lächelt:

„Das ist nicht schlimm.

Es ist mir auch schon passiert."

 54

• Was stimmt alles? Kreuze an.

○ Leo hat heute keine Stifte dabei.
○ Leo ist heute zu spät aufgewacht.
○ Frau Kern schimpft Leo.
○ Frau Kern hat auch schon verschlafen.

Am Sommerfest gibt es viele Spiele:

Sackhüpfen, Dosenwerfen, Tauziehen

und vieles mehr.

Henri zieht seine Schuhe aus.

Er will in der Hüpfburg springen.

- Was wird für welches Spiel verwendet?
  Verbinde.

  Sackhüpfen

  Dosenwerfen

  Tauziehen

Am Sommerfest ist eine Menge los!

Laura und Emil verkaufen Lose.

Beide rufen: „Macht alle mit!

Es gibt viele tolle Gewinne!"

• Wie viel Geld kosten die Lose?
  Kreuze an. Mehrere Antworten stimmen.

  ◯ Ein Los kostet 50 Euro.
  ◯ Ein Los kostet 50 Cent.
  ◯ Drei Lose kosten 1 Euro.
  ◯ Drei Lose kosten 2 Euro.

Das Schuljahr ist zu Ende.

Heute ist der letzte Schultag.

Jeder bekommt sein Zeugnis.

Dann müssen alle Abschied nehmen.

Hurra, jetzt beginnen die großen Ferien!

• Worauf freuen sich jetzt viele? Schreibe unter die Bilder den passenden Anlaut.

1

So sah meine Schultüte aus.

2

Pia Lea Tom

3

4

Igel

5

○ Möwen   ○ Blumen
☒ wilde Tiere   ○ Flieger

6

Sie heißt Frau **Buchbaum**.

7

Susi   Nina   Ali

8

9

10

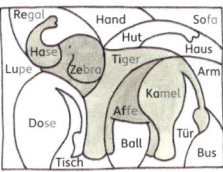

Es ist ein **Elefant**.

11

○ ein Auto
☒ ein Traktor
○ ein Bus

12

Simon   Mia   Leo   Tina

13

Taschenlampe
Matte
Buch
Schlafsack

14

15

Arian   Jana   Manuel

16

17

Auf der Wiese ist eine **Raupe**.

18

Marie   Bruder   Linus

19

Karoline hat Bauchweh, weil
sie nichts gegessen hat.
oder
sie Hunger hat.

20

21

Matsch — Quatsch
Gespenster — Fenster
Kleister — Geister

22

23

Das Ergebnis ist **9 (neun)**!

24

○ Peter ✘ Jonas ○ Nina

25

peLam
Lampe

meisHauster
Hausmeister

26

27

○ Julia hat Fieber bekommen.
✘ Julia hat ihr Heft nicht dabei.
○ Julia ist ganz schnell gerannt.

28

Ritter   Fee   Panda

Emilio   Timo   Jule und Kim

29

M	S	C	H	U	L	E	Z
H	E	R	Z	O	L	R	X
T	I	K	E	T	T	E	M
P	F	A	M	I	L	I	E

30

31

○ Benno   ○ Luna
✗ Lukas   ○ Alex

32

← links   rechts →

33

g	j	W	I	L	L	S	T	t	r	b	D	U	e
h	M	E	I	N	E	t	d	b	N	E	U	E	m
F	R	E	U	N	D	I	N	u	S	E	I	N	?

34

Der Buchstabe X x

35

Os er   Ha che
Ei tern   Su se

36

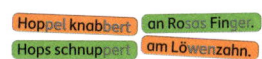

Hoppel knabbert   an Rosas Finger.
Hops schnuppert   am Löwenzahn.

Banane Melone Apfel Kirsche
Birne Ananas Traube

Birnen   Kirschen

Samira Valentin Jule Lukas Ronja

Säge Schere Stifte
Kleber Wolle

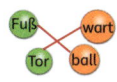 

Fuß wart Schul se
Tor ball Pau hof

Zitronenfalter

46

Flöte Geige Trommel
Rassel Gitarre Posaune

47

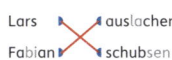

Lars — auslachen
Fabian — schubsen

48

○ Alles Gute zum Geburtstag!
✗ Gute Besserung!
○ Viel Spaß im Urlaub!

49

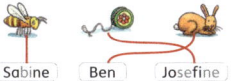

Sabine Ben Josefine

50

Leila Levin
Tom Lilli

51

52

○ ein Konzert
✗ ein Probealarm
○ ein Wettlauf

53

✗ Fall ○ Kater ✗ Kralle

54

○ Leo hat heute keine Stifte dabei.
✗ Leo ist heute zu spät aufgewacht.
○ Frau Kern schimpft Leo.
✗ Frau Kern hat auch schon verschlafen.

55

Sackhüpfen
Dosenwerfen
Tauziehen

56

○ Ein Los kostet 50 Euro.
☒ Ein Los kostet 50 Cent.
☒ Drei Lose kosten 1 Euro.
○ Drei Lose kosten 2 Euro.

57

U R L A U B

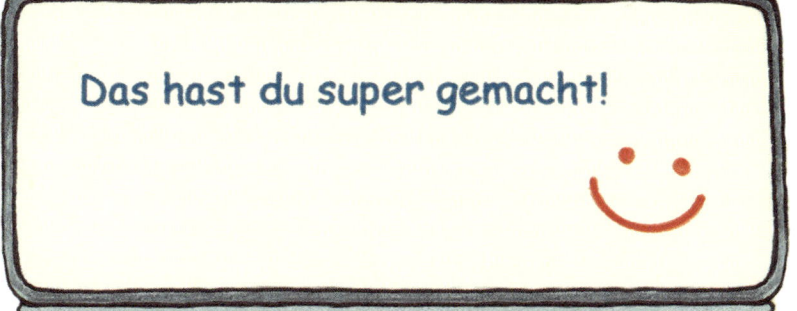

Das hast du super gemacht!

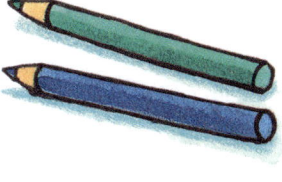